To Mina and Leah

For a FREE audio reading and other bilingual books visit:

www.minalearnschinese.com

Follow us

@minalearnschinese

Also available in Traditional Chinese!
ISBN: 978-1-953281-43-2
Library of Congress Control Number: 2021917671

Wǒ chuān hǎo le yǒng yī, tài yáng yǎn jìng yě dài shàng le. Wó zhǔn bèi hǎo qù hǎi tān le!

我穿好了泳衣，太阳眼镜也戴上了。我准备好去海滩了

I've got my swimsuit and sunglasses on. I'm ready to go to the beach!

Wǒ men dài shàng yě cān, fáng shài shuāng, jǐ tiáo máo jīn, hé yì bá sǎn.

我们带上野餐、防晒霜、几条毛巾、和一把伞。

Let's bring a picnic, sunscreen, some towels, and an umbrella.

Bié wàng jì dài shā tān wán jù!

别忘记带沙滩玩具！

And don't forget the sand toys!

Wǒ men dào le!　　Lái,　　wǒ men zhǎo ge hǎo dì fāng zuò xià lái ba.

我们到了！来，我们找个好地方坐下来吧。

We're here! Come on, let's find a good spot to sit down.

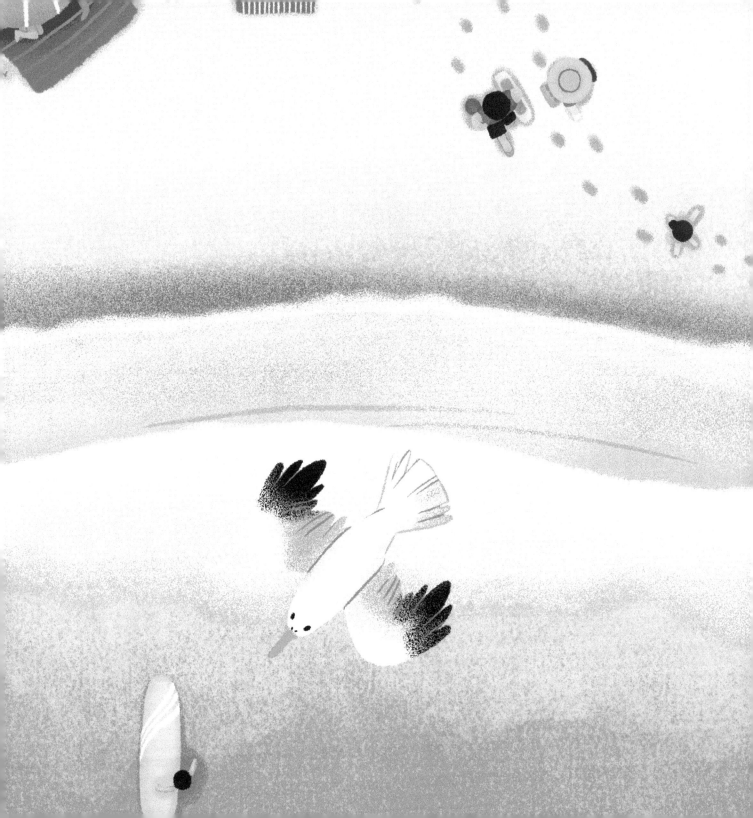

Jīn tiān tiān qì zhēn hǎo!

今天天气真好!

The weather is so nice today!

Wā, kàn kàn nà xiē rén zài chōng làng, tiān kōng yě fēi mǎn le hǎi ōu.

哇，看看那些人在冲浪，天空也飞满了海鸥。

Wow, look at the people surfing and the seagulls in the sky.

嘿，小米找到了一只可爱的小螃蟹！

Hey, Musubi found a cute baby crab!

Bà ba, kàn wǒ men de jiǎo yìn.

爸爸，看我们的脚印。

Daddy, look at our footprints.

Xiǎo de jiǎo yìn shì wǒ de, dà de jiǎo yìn shì nǐ de!

小的脚印是我的，大的脚印是你的！

The small ones are mine, and the big ones are yours!

Zài rè tiān lǐ wán léng shuǐ zhēn shuǎng.
在热天里玩冷水真爽 。

Xiáo mí yě hén xǐ huān!
小米也很喜欢!

It feels good to play in cold water on a hot day. Musubi likes it too!

Wǒ men dǎ shuǐ ba.

我们打水吧。

Let's get some water.

Gēn wǒ lái,　　Xiáo mǐ.

跟我来，小米。

Follow me, Musubi.

Wǒ men yào duī shā bǎo!

我们要堆沙堡!

We're going to make a sand castle!

Xiān bǎ shā tǒng zhuāng mǎn shī de shā zi

先把沙桶装满湿的沙子，

dào guò lái hòu yòng chǎn zi qiāo yì qiāo jiù hǎo le!

倒过来后用铲子敲一敲就好了！

First, fill the bucket with wet sand. Flip it over, use a shovel to tap and it's done!

Wǒ men jiù zào le yí gè xíng zhuàng!

我们就造了一个形状！

We made a shape!

TADAAH!

Wó zhǎo dào le yì xiē hěn piào liàng de
我找到了一些很漂亮的
bèi ké hé hǎi bō lí
贝壳和海玻璃。
I found some pretty shells and sea glass.

Zhè me duō xíng zhuàng hé yán sè. Tā men ké yǐ zuò wán měi de shā bǎo zhuāng shì!

这么多形状和颜色。它们可以做完美的沙堡装饰!

With so many shapes and colors, these will make perfect castle decorations!

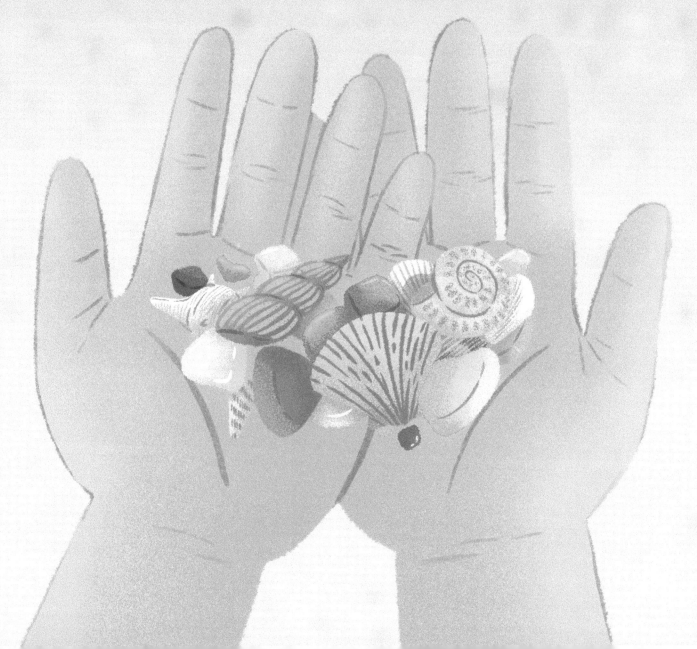

Yē!　　Wǒ de shā bǎo zuò wán le.

耶！我的沙堡做完了。

Yay! My castle is all done.

Tā　bí　wó xiǎng xiàng de gèng hǎo kàn!

它比我想象的更好看！

It looks even better than I imagined!

Duī shā bǎo zǒng shì ràng wó hěn è.　　Wǒ men chī yě cān hòu zài huí jiā ba.

堆沙堡总是让我很饿。我们吃野餐后再回家吧。

Building sand castles always makes me hungry. Let's have our picnic lunch and then head home.

Wǒ de sān míng zhì chī qǐ lái yóu diǎn cuì, lǐ miàn hǎo xiàng yǒu shā zi.

我的三明治吃起来有点脆，里面好像有沙子。

My sandwich is a little crunchy. I think there's some sand in it.

Hēi! Wǒ de sān míng zhì

嘿！ 我的三明治

biàn chéng le "shā míng zhì"!

变成了"沙明治"！

Hey! My sandwich is a "SAND-wich"!

Zài shā tān shàng wán zhēn shì tài yǒu qù le!

在沙滩上玩真是太有趣了！

It's so much fun to play at the beach!

CPSIA information can be obtained
at www.ICGtesting.com
Printed in the USA
LVHW071538120822
725817LV00011B/718